VOANDO PARA A FELICIDADE

Editora Appris Ltda.
1.ª Edição - Copyright© 2023 do autor
Direitos de Edição Reservados à Editora Appris Ltda.

Nenhuma parte desta obra poderá ser utilizada indevidamente, sem estar de acordo com a Lei n° 9.610/98. Se incorreções forem encontradas, serão de exclusiva responsabilidade de seus organizadores. Foi realizado o Depósito Legal na Fundação Biblioteca Nacional, de acordo com as Leis n°s 10.994, de 14/12/2004, e 12.192, de 14/01/2010.

Catalogação na Fonte
Elaborado por: Josefina A. S. Guedes
Bibliotecária CRB 9/870

J653v 2023	John, Zacarias Voando para a felicidade / Zacarias John. – 1. ed. – Curitiba : Appris, 2023. 60 p. ; 21 cm. Inclui referências. ISBN 978-65-250-4617-4 1. Memória autobiográfica. 2. Amor. 3. Preconceito. 4. Família. I. Título. II. Série. CDD – 80806692

Editora e Livraria Appris Ltda.
Av. Manoel Ribas, 2265 – Mercês
Curitiba/PR – CEP: 80810-002
Tel. (41) 3156 - 4731
www.editoraappris.com.br

Printed in Brazil
Impresso no Brasil

Zacarias John

VOANDO PARA A FELICIDADE

FICHA TÉCNICA

EDITORIAL
Augusto Vidal de Andrade Coelho
Sara C. de Andrade Coelho

COMITÊ EDITORIAL
Marli Caetano
Andréa Barbosa Gouveia (UFPR)
Jacques de Lima Ferreira (UP)
Marilda Aparecida Behrens (PUCPR)
Ana El Achkar (UNIVERSO/RJ)
Conrado Moreira Mendes (PUC-MG)
Eliete Correia dos Santos (UEPB)
Fabiano Santos (UERJ/IESP)
Francinete Fernandes de Sousa (UEPB)
Francisco Carlos Duarte (PUCPR)
Francisco de Assis (Fiam-Faam, SP, Brasil)
Juliana Reichert Assunção Tonelli (UEL)
Maria Aparecida Barbosa (USP)
Maria Helena Zamora (PUC-Rio)
Maria Margarida de Andrade (Umack)
Roque Ismael da Costa Güllich (UFFS)
Toni Reis (UFPR)
Valdomiro de Oliveira (UFPR)
Valério Brusamolin (IFPR)

SUPERVISOR DA PRODUÇÃO
Renata Cristina Lopes Miccelli

PRODUÇÃO EDITORIAL
Bruna Holmen

REVISÃO
Samuel do Prado Donato
Airton Pott

DIAGRAMAÇÃO
Renata C. L. Miccelli

CAPA
Sheila Alves

REVISÃO DE PROVA
Raquel Fuchs

A todos os profissionais envolvidos com a cura.

AGRADECIMENTOS

Gostaria de agradecer publicamente a todos que me incentivaram a escrever a minha história em um livro. Aos meus pais, Zacarias e Solange – mesmo morando longe – por estarem sempre do meu lado, e aos meus dois irmãos, Leticia e Jeferson.

Ao meu professor do ensino médio (ano de 2014), Airton Pott, que recebeu de braços abertos o convite para ser um dos editores do meu livro.

Também quero agradecer a Deus, por me dar a oportunidade de escrever sobre um pouco da minha vida. Muita gratidão a Ele, por me dar tempo, me manter acordado e disposto na criação desta obra.

E, claro, não podia faltar o agradecimento ao meu marido, Antonio. Obrigado por me suportar. Pelos incentivos e puxões de orelha. Obrigado por cada momento ao seu lado.

Já citei o nome dela acima, mas com certeza essa pessoa merece um destaque especial aqui nesses elogios. Ela que foi responsável por me carregar em seu ventre durante 9 meses.

Obrigado, mãe! Você é foda! Tenho orgulho de ser seu filho! Obrigado por tudo!

É necessário quebrar os padrões,
É necessário abrir discussões,
Alento pra alma, amar sem portões,
Amores aceitos sem imposições.
Singulares, plural,
Se te dói em ouvir, em mim dói no carnal.

Mas se tem um jeito, esse meu jeito de amar,
Quem lhe dá o direito de vir me calar?
Eu sou todo amor, medo e dor, se erradicar,
Feito o sol que ilumina a umidade suspensa do ar.

(Criolo)

APRESENTAÇÃO

Existe uma grande diferença entre nascer rico e não se preocupar com absolutamente nada ou nascer pobre e estar exposto a diversas preocupações. Existe uma grande diferença entre nascer branco ou negro. Do mesmo modo, existe uma grande diferença entre nascer heterossexual ou homossexual.

E foi através desses questionamentos que iniciei uma reflexão acerca dos problemas existentes na sociedade.

Afinal, como é nascer e crescer em uma família pobre, ser filho de analfabeto, negro e gay, em uma sociedade onde você é considerado o responsável por absolutamente tudo o que acontece?

O autor

SUMÁRIO

COMO TUDO COMEÇOU... 15

E EU FIZ A DIFERENÇA 21

O INÍCIO DE UM SONHO 29

ATÉ QUE UM DIA 37

O INÍCIO DE UM RELACIONAMENTO 39

E A TÃO ESPERADA SEXTA-FEIRA CHEGOU 44

E COMO LIDAR COM O PRECONCEITO? 53

Como tudo começou...

Era sexta-feira, 12 de junho de 1998.

Data em que se comemora o Dia dos Namorados no Brasil, porém, essa data especificamente não tem nada a ver com namorados e sim com o nascimento de uma criança.

Que criança? Eu! Simplesmente Eu!

Cheguei ao mundo todo alegre, porém sempre estava doente. Meus pais contam que passei um bom tempo da minha infância no hospital, pois sofria com infecção auricular, até que em determinado momento não foi mais preciso fazer as visitinhas frequentes aos médicos.

Vim ao mundo no fim do século XX, quase no início do XXI, século esse que veio para revolucionar a sociedade, principalmente nos quesitos tecnologia e mudanças climáticas. Cheguei todo faceiro, achando que a vida seria bela, que eu não sofreria com absolutamente nada e teria tudo o que eu desejasse.

Que tolo!

Crianças são assim né! Acham que tudo são mil maravilhas e que em hipótese alguma encontrará espinhos pelo caminho. Enfim...

Meu pai é analfabeto e minha mãe sequer concluiu o ensino fundamental. Ambos são pobres e a maior parte dos meus parentes são considerados negros. (Não vou entrar em detalhes pois a maioria das pessoas já sabem o quanto os negros sofreram e continuam sofrendo).

E agora, o que fazer para se destacar?

Será que é possível seguir um rumo diferente dos meus pais e poder decidir ingressar em uma escola ao invés de precisar trabalhar para ajudar no sustento da família? Será que eu serei vítima de racismo nos lugares que eu frequentar? E como vão me tratar se eu não estiver com roupas consideradas "melhores" ao ingressar em uma faculdade?

Várias perguntas, não é mesmo?

Esse foi o início da minha vida. Sempre me questionei. Questionava comigo mesmo como poderia ser o meu futuro e o que poderia fazer para simplesmente ser diferente e fazer a diferença na sociedade.

Mas, como toda criança, a idade chega e os deveres começam a aparecer!

Ano de 2004... ainda pequeno e minha mãe disse que eu precisava ir à escola para aprender sobre diferentes assuntos e ter um relacionamento com outras pessoas além dos familiares.

— Júnior (era como ela me chamava quando criança), vamos lá. É o primeiro dia de aula. Vou ir junto com você e depois volto para casa, disse.

Confesso que fiquei com vontade de conhecer novas pessoas e, ao mesmo tempo, com medo de ser agredido ou de meus colegas zoarem de mim pelo simples fato de eu ser diferente!

Eu era uma criança diferente e eu sabia disso!

Ingressei na escola já sabendo ler e escrever, o que fez com que a supervisão escolar me colocasse em uma série superior à dos meus colegas. Eu era atento a tudo. Observava o que os professores faziam e o que conversavam dentro da van escolar.

Mas se existia algo que eu era apaixonado desde criança eram as aulas de língua portuguesa.

Eu acho que pelo fato de aprender a ler e escrever com 4 anos de idade eu obtive uma paixão maior por essa área específica. Então, eu sempre estava na biblioteca da escola lendo sobre diferentes assuntos, escrevendo textos com facilidade e rapidez e, obviamente, adquirindo mais conhecimento.

Lembro que a diretora da escola na época, professora Regina (*in memoriam*) avisou-me sobre a festa de encerramento que aconteceria em dezembro. Eu estava ansioso, pois estava concluindo com sucesso o primeiro ano no ensino fundamental. E ainda mais feliz por ter a certeza que a escola estava sendo ótima para mim.

10 de dezembro de 2004. Essa é a data que não irei esquecer.

Era por volta das 18h, e meus pais e familiares estavam na esquina da minha casa esperando a van chegar para nos levar à festa de encerramento do ano letivo. Minutos antes de isso acontecer recebemos uma notícia, nada agradável... meu avô paterno, que tinha ido até uma cidade vizinha, acabava de falecer.

Em resumo, não fomos à festa da escola e passamos aquela noite inteira em um velório.

Mas a vida deve continuar, não é mesmo?

Outro ano que se inicia e se finda rapidamente. Muitas coisas acontecem e outras deixam de acontecer. Esse é o legado!

E se teve algo de bom que graças a Deus aconteceu, foi o de colocar uma professora especial para me dar aula de português, a "profe Dionéia". Nossa! Ela era – e deve continuar sendo – maravilhosa, me entendia perfeitamente e até me deu um cartão de fim de ano que eu carrego até os dias de hoje.

Quando me falam que existem pessoas que, mesmo com pequenos gestos fazem uma diferença enorme em nossas vidas é sobre isso que eu estou dizendo. Esse foi um cartão que mudou a minha vida. Mudou o meu olhar sobre o mundo, sobre o meu futuro e sobre as dificuldades ao meu redor.

Só de ler um simples cartão assinado por uma professora minha que eu era inteligente, dedicado e que devemos agradecer pelo que somos já fez com que eu entendesse que meu propósito aqui nesse mundo era de fazer a diferença.

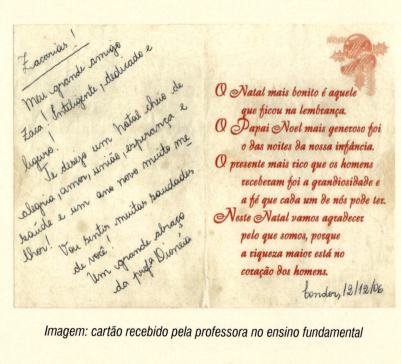

Imagem: cartão recebido pela professora no ensino fundamental

E eu fiz a diferença

Continuei me dedicando, aprendendo sobre novas coisas e me aprofundando ainda mais na área da linguagem.

Quando tinha algum teatro, apresentação de trabalho ou discursos de fim de ano na escola, lá estava eu. Sempre fui aquele tipo de criança que se metia em tudo e queria fazer parte de todos os trabalhos que melhorassem a minha comunicação.

Ah! Também lembro da primeira vez que fui vítima de racismo dentro da escola. Recordo-me que alguma pessoa chegou para mim e disse que nossa escola – como de costume – iria se apresentar no desfile do dia 7 de setembro e que eu desempenharia o papel do saci-pererê.

Confesso que foi um dos piores dias da minha vida...

Quando chegou a tão esperada data pela comunidade local lá estava eu, de bermuda vermelha, gorro vermelho na cabeça, cachimbo na boca e pulando com uma perna só. Era a atração aos olhos de quem viu e decepção e medo por parte de quem fez o personagem, EU.

Foi nesse exato momento que eu entendi que sofri racismo pela primeira vez e que as pessoas que observavam o desfile gostavam do que estava acontecendo. Porém, elas não entendiam a real história sofrida pelos negros nos séculos anteriores. Elas achavam que aquilo era normal. Que pelo fato do saci – um dos símbolos mais famosos do folclore brasileiro – ser negro a única pessoa para desempenhar tal papel deveria ser um negro.

E aí eu percebi que tinha algo errado!

Por que não colocar uma pessoa de pele branca para realizar o papel do saci? Por que logo eu, negro, tive que fazer aquilo para milhares de pessoas verem?

Realmente, eu já estava crescendo em todos os sentidos. Crescendo no tamanho, ficando mais velho e também no modo de entender a sociedade na qual eu estava inserido.

Racismo explícito e meus pais não fizeram absolutamente nada.

Afinal, meus pais naquela época nem sabiam o conceito de tal palavra e mesmo se soubessem, eu tenho a certeza que nada aconteceria. Ser pobre e negro hoje em dia já é difícil. Agora imagina como era há aproximadamente 20 anos atrás?

Falando em analfabetismo, sempre gostei de ler meus trabalhos para o meu pai. Confesso que via através do olhar dele que era isso que queria, um filho que não fosse como ele, um menino que estudasse e batalhasse para ser alguém na vida futuramente.

Lembro das nossas idas ao supermercado e o quanto eu chorava por não poder ganhar alguma coisa diferente. Quantas vezes eu desejei as mochilas bonitas que enfeitavam as prateleiras dos supermercados e das livrarias? Quantas vezes vi uma criança usando um tênis diferente e fiquei com vontade de ter um igual? Quantas vezes passei em frente a uma lanchonete da cidade e ficava louco para comer um delicioso xis, mas eu sabia que não era sempre que meus pais poderiam comprar. Afinal, eles trabalhavam o mês inteiro para ganhar um salário baixíssimo (ainda continua baixo o salário da maior parte da população brasileira) e comprar alimento para poder sustentar os filhos.

Minha mãe sempre dizia:

— O que mais importa é ter comida para poder se alimentar e roupa para poder vestir.

E ela estava certa... eu tinha uma cama para dormir, roupas para vestir, comida para poder se alimentar e também tinha amigos e um local maravilhoso que eu chamo de escola, local esse fundamental para eu poder aprender cada vez mais e mais.

Os anos foram passando, eu fui amadurecendo, vendo como as pessoas ao meu redor se comportavam e também aprendendo a lidar com elas. Afinal, nem todas as pessoas são boas e cada uma delas tem a opção de seguir um determinado caminho. Eu segui o meu...

Quando cheguei na 8ª série do ensino fundamental (atual 9º ano), comecei a pensar em tudo o que poderia acontecer nos anos seguintes. Já ouvia – mesmo que de longe – os holofotes sobre o ensino médio, provas de vestibulares, faculdades, formatura etc.

Eu achava aquilo o máximo e tinha a certeza que realizaria um dos meus maiores sonhos, o de entrar em uma universidade e dar orgulho aos meus pais.

Como tudo acontece por etapas e, como bem mencionado no início do livro, sempre aparecem alguns espinhos pelo caminho e um deles surgiu logo no fim do meu ensino fundamental.

Fiquei sabendo que havia se instalado na cidade vizinha uma instituição de educação superior, básica e profissional denominada Instituto Federal Farroupilha (IF). Essa talvez fosse a chance de eu conseguir ingressar e realizar um curso técnico.

Disse aos meus pais alguns meses antes para eles guardarem uns R$ 50 para realizar a prova da instituição.

Como eu não tinha acesso à internet em casa, minha professora de Língua Portuguesa, Cintia Beuter, se ofereceu em me auxiliar na realização da inscrição para o processo seletivo. E lá se foi o meu pai até a casa dela e com minhas documentações em mãos para efetivar minha inscrição.

Passados alguns dias – lembro que era meados de dezembro – meu pai me levou até a cidade vizinha para poder realizar a prova e, para a minha alegria, fui aprovado no curso técnico em manutenção e suporte em informática.

Porém, devemos estar preparados para todos os tipos de notícia e, dias antes de começar o ano letivo recebi a notícia que não teria transporte escolar para levar os alunos da minha cidade até o campus da instituição na qual as aulas ocorreriam.

E agora, o que fazer?

Meus pais não tinham condições de arcar com despesas de transporte e alimentação diária até a cidade vizinha, sequer de pagar aluguel em algum apartamento naquela cidade para mim. Em resumo, tive que desistir do curso técnico e optar pela segunda opção, e única que me restava, frequentar o ensino médio na escola pública da cidade.

O ano era 2012 e eu estava decepcionado pelo fato de não poder cursar o ensino médio no Instituto Federal Farroupilha (IF). Ao mesmo tempo, eufórico, querendo saber como seria a minha adaptação em uma nova escola, com colegas e professores diferentes.

E confesso que foi maravilhosa!

Nessa escola eu continuei fazendo o que sempre fiz...indo à biblioteca toda semana para retirar algum livro, aprender sobre um novo assunto e dar o meu máximo em sala de aula.

Continuava morando no interior e agora já tinha um celular, então quando tinha algum trabalho da escola que necessitava ser feito uma consulta na internet, eu sempre caminhava a pé até um local próximo da minha casa onde o sinal de rede era considerado bom. E por lá eu ficava por um bom tempo, muitas vezes até o anoitecer.

Meus vizinhos passavam de carro e viam eu mexendo no celular. Tenho a certeza que eles não sabiam que eu estava estudando.

Eu sempre quis ter uma calça jeans ou um tênis de marca. Sempre quis ter uma motocicleta como os meus colegas da escola. Porém eu não podia.

Foi aí que, quando eu estava no último ano do ensino médio, em 2014, decidi que eu precisava continuar estudando e ao mesmo tempo trabalhar para ter meu próprio dinheiro e comprar tudo aquilo que meus pais não tinham condição.

Decidi ingressar no programa Aprendiz Cooperativo, desenvolvido pela cooperativa presente na minha cidade em parceria com o Sescoop/RS e a CooperConcórdia.

No turno da manhã eu estudava na escola da minha cidade natal e no período da tarde eu me deslocava de ônibus até a cidade vizinha para fazer o curso. Levava marmita feita pela minha mãe dentro da mochila e saía correndo ao fim da aula para ir até a casa da minha avó para poder comer e, em menos de 1 hora, eu deveria estar no ponto de ônibus para ir ao meu destino de todas as tardes.

Ela (minha avó) morava na cidade e eu não a deixava fazer comida para mim. Na verdade, eu não queria que ela tivesse nenhuma obrigação comigo. Eu queria apenas um lugarzinho para comer, sem dar a ela o dever de me esperar com comida pronta todos os dias.

Foi a partir desse momento que eu comecei a ganhar o meu dinheiro. Comprei uma moto – usada e sem placa, mas para andar no interior era excelente – e roupas que eu sempre desejei, itens estes que antes eu não podia ter, afinal, como meus pais me dariam?

Meu pai trabalhava em um frigorífico e ganhava pouco mais de um salário mínimo e desse valor conseguia sustentar nós 4 (eu, minha mãe e meus outros dois irmãos).

Eu não sei como ele conseguia fazer isso, mas confesso que ele merece um prêmio por nunca nos deixar faltar comida à mesa...

O início de um sonho

Lembro como se fosse hoje do ano de 2014. Era o meu último ano do ensino médio e, como de costume, sempre íamos visitar as universidades do estado para conhecer os cursos disponíveis etc.

Eu via todos os meus colegas eufóricos em fazer vestibular e ingressar em uma universidade e ficava me questionando se eu realizaria esse sonho.

Sempre fui apaixonado pela área das linguagens e também sempre fui muito comunicativo, o que me deixou em dúvida entre dois cursos: Jornalismo ou Artes Cênicas.

Optei em prestar vestibular no curso de artes cênicas na Universidade Federal de Santa Maria e para a minha surpresa, lá estava o meu nome na lista de aprovados. Pulei de felicidade e contei aos meus pais, que ficaram como eu, com o sorriso estampado no rosto.

Entretanto, eu não pude ingressar em tal universidade.

Como eu iria poder pagar uma moradia em Santa Maria para poder cursar a graduação no período diurno? Com que dinheiro?

O sonho de ingressar na faculdade foi prorrogado e eu fiquei um semestre estudando em casa até decidir fazer o vestibular em uma universidade conhecida na minha região.

Era agosto de 2015, mês que ingressei nessa universidade. Nesse ano eu já estava trabalhando com carteira de trabalho assinada no local onde fiz meu estágio do aprendiz cooperativo, em 2014. Trabalhava o dia inteiro e no turno da noite ia cansado para a aula. Chegava por volta das 23h30 em casa, dormia e no dia seguinte, às 6h, deveria estar acordado para ir ao trabalho.

E essa era minha rotina diária...

Lembro também da primeira vez que disse aos meus pais sobre minha orientação sexual. Foi muito difícil, pois fui criado em uma família conservadora e evangélica, então, não tinha a mínima ideia de como abordá-los e dizer que eu era gay. Qual seria a reação deles?

Fiquei pensando durante semanas sobre isso e foi através de um vídeo no YouTube que me encorajei em abordar esse assunto importante e necessário para eles.

Escrevi uma carta explicando que eu nasci gay e sempre senti atração por pessoas do mesmo sexo que o meu.

— Saibam que vocês me aceitando ou não do jeito que sou, eu vou continuar amando vocês, para sempre, finalizei.

Escrevi e coloquei-a em um local que eu sabia que minha mãe iria ver e consequentemente ler. Fui para a faculdade...

Ao retornar, todos estavam dormindo e eu percebi que a carta não estava no local que eu havia deixado...senti um frio na barriga.

Logo pela manhã do dia seguinte, a primeira coisa que eles fizeram foi conversar comigo. Minha mãe falou muito sobre a homofobia presente na sociedade atual, sobre as agressões contra a população LGBT e concluiu dizendo que eu poderia contar com ela para absolutamente tudo.

E realmente eu pude contar com ela para tudo! Ela sempre foi a força que eu precisei para me manter em pé!

Sabia que ela era minha fonte confiável e que faria de tudo para me proteger do mal presente aqui fora. Mas, como jovem, tomamos decisões inesperadas em nossas vidas...

Era março de 2018 e eu peguei férias do emprego a qual trabalhava há 3 anos. Pesquisei as melhores cidades para morar no estado de Santa Catarina e descobri a tão conhecida e bela Blumenau, considerada a 3ª maior cidade do estado em número de habitantes na época.

Então por que não ir conhecê-la?

Simplesmente comprei a passagem de ônibus, fiz a reserva para o período de uma semana em um hotel e segui rumo à cidade que futuramente se tornaria a minha nova casa.

Quando cheguei, fiquei admirado por tudo que vi. A cidade era bem maior que minha cidade natal, as festas eram frequentes e a partir daquele momento, eu havia tomado a decisão de retornar para casa, falar com meus pais e com o supervisor do meu emprego para conseguir uma maneira de me desligar da empresa sem que eu saísse prejudicado.

Acho que o pior momento foi quando eu contei de tal decisão para a minha mãe. Vi em seus olhos a tristeza. Aquele olhar de quem não quer deixar seu passarinho voar para bem longe. Aquele olhar de mãe, que sempre quer nos proteger e nos manter perto dela, para sempre.

Mas isso é impossível!

Todas as pessoas um dia decidem seguir seus rumos, seja construindo uma casa ao lado dos pais, na mesma cidade ou até mesmo fora do país. Todos queremos ser independentes, construir uma família e ser bem-sucedidos, financeiramente e pessoalmente.

E comigo não foi diferente!

Eu queria sair do meu emprego por não estar se sentindo bem e não ter o reconhecimento que eu merecia. Eu queria sair da minha cidade natal pelo fato de ela não me oferecer as oportunidades que eu tinha certeza que eu poderia alcançar.

E eu saí...

No fim do mês de maio do ano de 2018 – não me recordo a data exata – meus pais me levaram até o ponto de embarque. Embarque esse que me levaria para outro estado, com pessoas e culturas diferentes. Dentro de minha mala tinham apenas algumas roupas, umas panelas que ganhei de minha mãe e um travesseiro que ganhei da minha avó paterna. Ah! E carregava comigo o pouco de dinheiro que obtive após a rescisão do contrato na empresa anterior a qual trabalhei por pouco mais de 3 anos.

Lembro até hoje do abraço que meu pai me deu e ao mesmo tempo ele disse:

— Vá com Deus, meu filho.

Também lembro do carinho recebido pela minha irmã, que naquela época tinha acabado de completar 10 anos.

Eu olhei para ela e sorri. Vi que ela já estava chorando há um bom tempo e eu sabia o motivo: ela não teria mais a minha presença dentro de casa para brincar e ajudar nas tarefas escolares.

Quando olho para o outro lado está minha mãe, aos prantos derramando as lágrimas. Suas mãos tocavam minha pele e eu sentia que ela estava diferente. Ela estava com "o coração em suas mãos".

Ela não queria que eu saísse de casa. Ela queria que eu permanecesse lá, morando no interior com eles, mas ela deveria entender que meu lugar não era lá e que meu futuro seria bem diferente do futuro deles e que, com certeza, nos anos seguintes eu retornaria para visitá-los, mais feliz e bem-sucedido.

O ônibus chegou e ela ficou pálida. Sabia que deveria se despedir de mim.

Fixou atentamente seus olhos para os meus e disse:

— Eu sempre te amarei, em todos os lugares que você estiver e em todas as ocasiões. Vou sentir sua falta, mas sei que você vai se dar bem. Ah! E caso você não se acostume, saibas que a porta de casa está aberta à sua espera.

Beijou-me seguido de um abraço apertado.

Obviamente eu comecei a chorar e sentei em uma poltrona próxima da janela do ônibus, na qual era possível vê-la ainda aos prantos.

O motorista acionou o fechamento da porta e nesse momento eu dei tchau. Tchau esse de despedida.

A partir desse momento eu havia dado o pontapé inicial para uma nova fase, que eu nem saberia como conseguir enfrentar.

Cheguei em Blumenau no dia seguinte e fui direto à quitinete a qual eu havia alugado ainda quando morava no Rio Grande do Sul.

Lembro que fui a uma lojinha localizada no centro para comprar alguns talheres e alimentos e foi lá que comecei a perceber como é a vida de uma pessoa independente. Ela deve se virar sozinha para absolutamente tudo!

Logo nos primeiros dias encontrei emprego e estava começando a me sentir mais feliz, afinal, eu tinha comida, dinheiro e até comecei a criar laços de amizade com algumas pessoas.

Em contrapartida, eu sempre parava para pensar:

— Por que todos os amigos e amigas que eu tinha quando morava no Rio Grande do Sul não ligam ou mandam mensagens?

Eu tinha muitos amigos na minha cidade natal e por que apenas 1 ou 2 mandavam mensagem com frequência?

Foi aí que eu comecei a entender o que minha mãe sempre dizia, de que a maioria dos "amigos" são aqueles que fazem companhia apenas em festas e não os que mandam mensagem para perguntar como estamos nos sentindo.

Mas isso não era tudo que eu precisava. Estava faltando algo muito importante: a companhia de algum familiar.

Sempre quando fazia chamada de vídeo com minha mãe sentia um aperto no peito e a saudade era imensa.

Ficava durante horas chorando dentro do quarto.

Comecei a perceber que aquilo não estava me fazendo bem, pois a cada diz que passava eu chorava mais e mais e estava com medo de entrar em quadro de depressão.

Até que um dia

Eu estava falando pelo WhatsApp com meu irmão mais velho – que mora na região metropolitana de Florianópolis – e durante a conversa ele pergunta:

— Mano, você realmente está bem? Está precisando de alguma coisa?

Foi nesse momento em que eu decidi falar a verdade para ele.

— Acho que estou me sentindo sozinho e, por esse motivo, começando a ficar deprimido, disse.

— Pega um ônibus e vem para cá, convidou-me.

— Está bem. Vou ver os horários e vou sim, exclamei.

No dia seguinte eu já estava batendo na porta da casa dele e vocês não tem noção do quanto eu me senti melhor estando lá.

Realmente eu estava precisando ficar ao lado de alguém que fazia parte do meu âmbito familiar para me sentir mais confortável.

Fiquei durante uma semana em sua casa e no último dia ele se voltou para mim e disse:

— Você não está se sentindo bem morando sozinho em Blumenau, não é mesmo? Pega suas coisas e vem morar aqui. Onde tem alimento para uma pessoa sempre é possível dar um jeito de alimentar dois ou mais.

Naquela mesma semana eu retornei à Blumenau, peguei o que tinha que ser pego e segui rumo a outra cidade, que com certeza, traria novos desafios a serem enfrentados.

Logo ao chegar em São José – SC, fui atrás de emprego e de uma universidade, afinal, eu queria continuar minha graduação em jornalismo. Em poucas semanas eu já estava empregado e também matriculado em uma universidade.

Continuei estudando, me dedicando, trabalhando e não ia mais às festas.

Depois que saí de Blumenau eu acabei ficando ainda mais maduro nesse quesito. Aprendi a dar valor às pessoas que me valorizam e não àquelas que estão livres apenas para curtir uma balada ao invés de tirar um tempo para perguntar como estou.

Enfim...

Até que no mês de março do ano de 2019 acontece algo que eu não estava esperando...

O início de um relacionamento

Era uma noite quente, como todas as outras, deste e dos verões anteriores. Estava deitado no sofá, mexendo no celular e ao mesmo tempo observando o meu irmão mais velho cozinhar. Já estava cansado, olhos ficando "pesados", porém ainda presos ao brilho da tela, que me mantinha acordado. Um barulho de notificação soa e eu, curioso como sempre, fui logo abrir para verificar quem e o que era. De momento não reconheci quem era. Parecia ser alguém que eu nunca tinha visto antes e, realmente, era um homem desconhecido para mim até então.

Já estava com muito sono e precisava dormir para repor minhas energias. Antes disso, nada melhor do que uma ducha para aliviar o cansaço. Celular ao lado do travesseiro, como de costume. Acabei dormindo.

Manhã de segunda-feira e eu resolvi dar uma espiada no perfil do sujeito que me mandou mensagem na noite anterior. Como não sou muito grosso (apenas às vezes), resolvi respondê-lo com um "Bom Dia", dessa forma mesmo, como está escrito, sem mais argumentos ou questionamentos. De imediato obtive uma resposta:

– Bom dia. Prazer, me chamo Antonio. Te mandei mensagem ontem à noite. Como estás? – Perguntou-me.

– Estou bem, graças a Deus. – Respondi-lhe. E logo o indaguei: – Por acaso me conhece de algum lugar?

Eis a resposta:

– Não, mas podemos nos conhecer.

Fiquei sem palavras, afinal, ele foi bem direto ao assunto.

Dei uma pausa na conversa e ele voltou a insistir.

– Podemos trocar nosso número de WhatsApp para nos conhecermos melhor?

Hesitei, porém acabei dando meu número. Vou confessar que mesmo sem conhecê-lo eu senti algo... Não sabia certo o que era, mas, senti. E era diferente!

Fiquei a tarde toda pensando no que aquele homem queria de mim: "Será que era apenas um 'contatinho' das redes sociais?".

Meu irmão olhou para mim e viu um sorriso espairecido em meu rosto.

– O que houve? Do nada o rosto fechado se torna o mais sorridente visto até hoje? – Ele me perguntou.

Fingi demência e coloquei os fones no ouvido.

Era tardinha, 18h30, aproximadamente, quando recebo uma mensagem dele. A conversa fluiu naturalmente. Falamos de trabalho, educação, família e não vou negar que sobre amor também. Ele perguntou se poderia mandar uma frase e eu disse que sim. Em instantes aparece a tão misteriosa e surpreendente frase:

– "Século XXI. Aqui você só sobrevive se jogar com a razão, e você é destruído se agir com o teu coração".

Ao lê-la, instantaneamente, achei aquela frase uma das mais profundas que já havia lido. Ele não sabia que eu era romântico e emocional e admito que aquela simples frase extraída de algum lugar tocou profundamente o meu coração. Na verdade, não foi apenas isso, mas a maneira como ele escrevia cada palavra no WhatsApp me deixava louco, confesso.

E foi se tornando rotina acordar todos os dias pela manhã e ver aquela mensagem de "Bom dia" na tela do meu celular.

Ficávamos horas teclando um com o outro e dentro de poucos dias também as chamadas de vídeo se tornaram frequentes. Quando o celular tocava, eu corria para atender. Ia para dentro do quarto ou até mesmo no sofá da sala e ficava observando cada detalhe de seu rosto, cada palavra pronunciada. Eu não sabia o que estava sentindo naquele momento. Eu me sentia bem quando estava conversando com ele... Era algo estranho, mas ao mesmo tempo bom.

Outro dia amanhece e lá está sua mensagem, porém, um pouco diferente daquela de costume:

— Bom dia. Dormiu bem? Vou direto ao assunto: vamos sair para nos conhecer esta semana? — Perguntou-me.

Eu não estava respondendo por mim mesmo. Parece que minhas mãos estavam soltas e não era eu quem digitava. Logo eu, que sempre demorava para responder as pessoas ou até mesmo ignorava-os, agora estava fora de controle.

– Bom dia querido. Dormi bem sim.

Instantes depois ele questionou:

– Faltou responder a outra pergunta.

Na verdade, eu havia lido suas perguntas, mas, queria conhecer ele por mais um tempo virtualmente. Porém, respondi:

– Podemos sair sim. Agora sexta-feira estou livre.

– Ok, me manda sua localização no dia, que iremos a um lugar bem bacana.

Meu coração começou a disparar. Veio tanta coisa em minha cabeça que eu não sabia o que fazer. Que roupa usar? Onde iríamos? Outra vez estava tudo bagunçado em minha mente.

E a tão esperada sexta-feira chegou

O clima estava agradável, e não muito quente como nos dias anteriores. Às 19h00 uma mensagem.... É ele perguntando se já estava pronto e se poderia ir me buscar.

– Sim! Te espero aqui na frente de casa. – Respondi com um pouco de medo, afinal, eu não sabia quem ele era, aonde iria me levar e o que iríamos fazer.

Dias antes ele havia dito para mim o local onde morava. Calculei o tempo aproximado de sua chegada, passei um perfume, terminei de pentear meus cabelos e desci para esperá-lo.

Um carro branco se aproxima de mim, um homem aparentemente grande e de olhos claros baixa os vidros e diz:

– Zacarias?!

– Sim. – Respondi.

– Embarca aí! Sou o Antonio. Tudo certo?

Entrei no carro, cumprimentei-o na mão e fiquei meio tenso no início. Enquanto ele dirigia, eu desviava meu olhar lentamente para observar como ele era e, confesso, era melhor pessoalmente do que pelas chamadas de vídeo.

Ele iria me levar num local para jantarmos, porém, era uma sexta-feira à noite e todos os bares e restaurantes estavam lotados. Depois de darmos uma volta de carro optamos em parar na beira-mar. O local estava calmo, pouco movimento de pessoas. Só ouvia o barulho das águas do mar. Ficamos dentro do carro conversando. Quis saber se eu estudava, trabalhava, o que eu achava da palavra relacionamento, etc. Respondi todas com clareza e seriedade.

Depois, enquanto ele respondia às perguntas que eu fazia, confesso que não estava dando muita importância para suas respostas. Fiquei hipnotizado nele. Nunca havia sentido nada parecido antes. Cada detalhe do seu rosto, aquela linguagem maravilhosa saindo de sua boca. Houve uma química tão grande que confesso que estava com vontade de fazer algo, mas não era aquele o momento.

De repente o silêncio tomou conta do ambiente, só ouvia o barulho do mar e dos pássaros que ali estavam. Eu olhei fixamente para ele. Do mesmo modo ele olhou para mim. Sorrimos um para o outro e ele disse:

— Que bom que você aceitou me conhecer.

Quando terminou a frase, pegou em minha mão e a acariciou. Eu não sabia o que fazer. Sua mão suave tocando na minha e descendo até minhas coxas. Fechamos os olhos e nos beijamos. Acariciei aquele belo rosto, passei minhas mãos pelo seu corpo e deixei que o clima esquentasse.

Minutos depois, nossos lábios se separaram e vi que ele estava muito sorridente. E eu também estava. Mas já era tarde. Então, pedi para ele me levar para casa. Sem discordar, questionar ou insistir em algo a mais, fez o que lhe pedi. Ao desembarcar do carro no portão de casa, nos beijamos novamente e ele disse:

– Amei sua companhia. Nos vemos em breve.

Ao chegar no quarto, comecei a rir sozinho, feito um adolescente apaixonado. O rapaz do interior que se mudou para a cidade grande, que vivia nas redes sociais, que falava com mais de um cara ao mesmo tempo e que dizia não existir amor, naquele momento não sabia mais de nada. Não sabia explicar o que aconteceu que desencadeou o beijo e o que tinha na cabeça ao passar seu contato para um cara estranho.

Antes de dormir, claro, não faltou a chamada por vídeo, para dizer que havia chegado em casa e que queria sair comigo novamente.

– Boa noite! Dorme bem, lindo. – Escreveu Antonio.

– Boa noite! Você também.

Isto foi se tornando diário. As mensagens de "Bom dia! Como você está?" e de "Boa noite! Dorme bem!" e muitos emojis de corações. Meus outros contatos foram ignorados. Sem perceber eu passava o dia todo falando apenas com ele e não me importava com as outras notificações.

Na sexta-feira após o nosso primeiro encontro, ele mandou mensagem dizendo para sairmos novamente à noite. Tirei uma roupa do armário, vesti-me, joguei um perfume pelo corpo e fiquei esperando. Lá estava ele às 19h00, no mesmo local, em frente àquele portão antigo e enferrujado.

Não disse aonde iríamos, apenas percebi quando chegamos.

Ele voltou-se para mim e falou:

– Semana passada quando passamos aqui em frente você deu uma olhada, e tentou fazer com que eu não percebesse. Hoje vamos neste lugar. Quero te fazer meu, hoje e sempre. – Finalizou.

Antes de entrar no quarto do motel, eu já estava cheio de tesão por ele. Queria beijar seu corpo inteiro e dizer palavras de amor em seu ouvido. Eu nunca senti aquilo antes. Eu estava chegando à conclusão de que estava apaixonado.

Ele tirou meus tênis, tocou em meus pés. Senti um calafrio pelo corpo. Subiu um pouco mais, deu uns beijos e me despiu totalmente. Naquele exato momento eu esqueci de tudo. Estava curtindo cada instante ao lado dele. Até que, aparentemente um barulho feito por um casal que estava no quarto ao lado interrompeu o que estávamos fazendo. Começamos a rir e conversar sobre outros assuntos e o que parecia que iria acontecer, não aconteceu.

Voltei para casa naquela noite. Meu pensamento não fugia de uma só pessoa: o Antonio.

Como trabalhávamos perto um do outro, começamos a almoçar juntos. Os encontros noturnos já não eram mais suficientes para nós. Quanto mais próximos estivéssemos um do outro, melhor estaríamos. E eu me sentia muito bem ao seu lado. Ele transmitia uma energia boa e palavras verdadeiras.

Essa rotina se tornou diária. Ao chegar em casa, tomava uma ducha, vestia uma roupa e esperava a vinda dele para ir à sua casa. Muitas vezes eu não dormia lá, apenas ficava até umas 10 horas da noite, mas a vontade de passar cada segundo ao seu lado era enorme.

Minha mãe ligou, como de costume, para saber como eu estava. Respondi que estava bem e disse que tinha algo para lhe contar.

– Fala mano! – Disse ela.

– Mãe, conheci um homem aqui. Mas não é um cara qualquer. Saio com ele todos os dias. Me sinto bem estando do lado dele e confesso que nunca senti isso antes. Sabe quando a senhora dizia para mim que o amor existia e eu zombava da sua cara? Hoje posso afirmar que realmente ele existe e que através deste amor eu quero ser muito feliz.

E as palavras proferidas por ela, então, foram:

– Se te faz bem meu filho, não desista. Lembras que já te disse para contar comigo sempre. Saibas que eu vou estar torcendo pela sua felicidade.

Naquele momento acabei escutando o que sempre quis ouvir. Saiu da boca da minha mãe mais uma vez o melhor apoio que eu poderia ter. Eu sabia que poderia contar com ela para tudo.

Os dias foram passando e recebi um convite do Antonio para ir até a casa em que ele morava, a cerca de alguns poucos quilômetros de onde eu morava com meu irmão. Tomei um banho, passei um perfume, escolhi uma bermuda branca e simples – como de costume – e fui até seu endereço. Confesso que era minha primeira vez naquela casa, mas ele foi tão receptivo, querido, educado e gentil comigo que fez com que parecesse que eu já conhecia tal lugar há muito tempo.

– Já estamos nos vendo com frequência. Eu não fico muito tempo sem realizar chamada de vídeo para ver teu rosto alegre, sem te mandar aquela mensagem de "Bom dia" e "Fica com Deus." Vamos morar juntos? – Perguntou.

Fiquei embasbacado. Disse que daria a resposta no dia seguinte.

A noite foi péssima, não consegui dormir. Afinal, eu recebi um convite que necessitava de uma resposta. A poucas horas eu estava prestes a dizer sim ou não para ele. Eu iria mudar de casa, de funções, de cama. Será que daria certo? Minha cabeça ficou girando com um monte de questionamentos. Entretanto, decidi analisar as entrelinhas do que o Antonio me perguntou.

Não conheço ninguém que acertou uma questão de prova sem ao menos tentar chutar a resposta. Do mesmo modo não conheço ninguém que é feliz sem correr atrás da bendita felicidade. Tentar não custa nada e, afinal, minha mãe, que é a pessoa que eu mais amo neste mundo, estava me apoiando. O que mais me interessava naquele momento? Absolutamente nada.

Era umas 07h00 da manhã e o Antonio me mandou mensagem de "Bom dia". Peguei o celular na mão e comecei a digitar:

– Ótimo dia para nós, "meu véio". Referente àquele assunto de ontem, eu aceito. Vamos fazer de tudo para sermos felizes um ao lado do outro.

Fui trabalhar. Meu dia não foi nada produtivo porque eu realmente estava pensando na decisão que eu havia tomado. Cheguei em casa no fim da tarde, arrumei minhas malas e meus livros – única coisa que tinha – e esperei ele vir me buscar. Entrei no carro e ele sorriu para mim. Só de ver aquele sorriso eu já havia ganhado o meu dia e tinha a certeza de que ele não iria me fazer sofrer. Naquele momento senti que havia feito a melhor escolha.

Acordar com alguém do meu lado pela manhã foi diferente. E, acreditem, passei a acordar não apenas com um do meu lado, eu acordava com dois: o Antonio e a Pepper, nossa cachorrinha, integrante da família. Só de abrir os olhos e ver aquela bolinha de pelos pretos me olhando e o meu futuro marido de olhos verdes me acariciando, eu tinha a convicção de que eu era sim um homem de sorte.

Presentes de aniversário e beijos com desejos de "bom dia" pela manhã eu sabia que não podia faltar. Mas, aliança? Logo eu, que nunca imaginei usando aquilo no dedo, quando me deparei, confesso que comecei a chorar. E não era uma simples aliança. Era uma Valentine's de ouro amarelo. Confesso que eu não compraria por dois motivos. Primeiro, a de que eu não tinha dinheiro e, por segundo, eu não conhecia marcas de alianças, relógios etc.

Eu sabia que existiam joias lindas, mas sempre pensei que não conseguiria usar uma daquelas que eu via na mão de famosos pela televisão. Agradeci pelo presente e a partir daquele momento combinamos várias coisas para dar certo no nosso relacionamento.

Nossos primeiros encontros foram nas sextas-feiras. Porém, agora morando juntos, a nossa rotina mudou. Aquelas sextas-feiras de carinho no carro se transformaram em idas ao supermercado para fazer compras. Aquele tempo que eu ficava em casa sozinho mexendo no celular se tornou o nosso abraço no sofá da sala assistindo filme e dando risadas.

Logo eu, que nunca imaginei chamar alguém de "Amor" hoje chamo com o maior prazer. Eu tenho um amor sim. Um companheiro, que também é esposo e amigo ao mesmo tempo.

E como lidar com o preconceito?

Logo quando eu me assumi homossexual, senti vários amigos, amigas, familiares e conhecidos se afastarem de mim. Ignorei, porque sempre disse que: "se minha mãe estivesse do meu lado eu não iria baixar a cabeça para nada". Minha velha sempre dizia: "– Faça o que bem entender para ser feliz. Saibas que a sociedade irá te julgar. Siga em frente!".

Um dia como qualquer outro, estávamos com o carro parado no semáforo, esperando o sinal verde abrir. Eu simplesmente dei um beijo no Antonio. Do nosso lado havia dois rapazes dentro de outro carro, que nos olharam sérios e simplesmente riram. Já fomos obrigados a sair de um outro local por estarmos sentados lado a lado e de mãos dadas. Todo dia isso acontece, não apenas conosco, e nem sequer apenas no Brasil, mas sim no mundo todo.

Estamos em pleno século XXI, e sei que ainda existem problemas sociais, como a violência, o racismo, a diferença de classes, e diversos outros que envolvem o fato de cada ser humano ser único e, portanto, diferente que qualquer outro sujeito. Mas infelizmente isso não causa harmonia, e sim preconceito, exclusão, e até vandalismo e agressão.

Logo quando começamos a morar juntos, o Antonio se voltou para mim e disse:

— Amor, quero que você se sinta seguro e bem ao meu lado. Eu sou mais velho que você, e somos de cores diferentes. Pode ter certeza que vamos sofrer mediante a sociedade, porém, quero apenas que saiba que eu estou contigo, sou eu quem amo você, nós que pagamos nossas contas e ninguém vai interferir. Você entendeu?

Eu, com as lágrimas descendo pelo rosto, respondi:

— Sim, meu velho. Eu escolhi você e agradeço todos os dias por tê-lo ao meu lado.

Nossas saídas aos restaurantes são as melhores que vocês possam imaginar. Nossas idas ao supermercado também. E quando vamos ao shopping, adivinha como provamos roupa? Sim, um de nós vai ao provador e o outro fica na porta para ver como fica no corpo do parceiro. Se um não gosta, simplesmente fala, sendo sincero.

Sobre a nossa filha, a Pepper, nem tenho muito o que falar. Ela simplesmente merece o prêmio de melhor cãozinho deste mundo. Tranquila e esperta, sempre. Recebe-nos com sorriso quando chegamos cansados do trabalho. Antes de dormirmos, somos obrigados a passar a mão na sua barriguinha e dar aquele beijinho de "Boa noite" nela.

Sobre nossas viagens? São maravilhosas. Lembro da nossa primeira viagem internacional, que teve como destino a cidade de Punta Cana, na República Dominicana. Sabe aquela viagem que você dá risada, brinca, cai, levanta, passa perrengue e no fim dá tudo certo? É sobre isso. Nossa combinação é surreal, inexplicável.

Tem pessoas que até hoje me perguntam se o Antonio e eu somos felizes ou se a diferença de idade entre nós atrapalha? A resposta é curta:

— Você ficaria com alguém que não te faça feliz? E que eu saiba idade não interfere, o que importa é o respeito e o amor um pelo outro.

Geralmente as pessoas que fazem este tipo de pergunta não falam mais comigo. E eu também não sinto falta.

Antonio e eu somos eternos namorados. Eu aprendo muito com ele e do mesmo modo ele aprende comigo. Hoje tenho a certeza de que o meu primeiro namorado vai ser o meu único esposo.

A aliança que eu ganhei é de uma única pessoa, e vai ser a que usarei a vida toda. A única transa gostosa que eu já fiz foi com ele. A única pessoa que, ao me tocar sempre me deixou louco de tesão, foi e continua sendo ele.

Já vi amigos se vangloriando de seus companheiros porque fazem um sexo gostoso e este é o motivo que ainda os mantêm juntos. Mas, afinal, sexo é tudo?

No início eu achava que era. Mas após algumas semanas morando juntos, percebi que sexo é apenas uma consequência. Não existe nada melhor do que ter aquela companhia dentro de casa. Um lavando a louça e o outro secando-a. Um passando aspirador e o outro, o pano na casa. Os dois se revezando para fazer comida. Isto sim é extraordinário.

Sexo é fácil. Simplesmente dar e sentir prazer um ao outro, chegar ao extremo, ir à ducha e dormir.

O nosso sexo é diferente.

É aquele sorriso bobo no rosto. São as preliminares. Aquele abraço gostoso antes e depois da transa. Aquele beijo na testa e as mãos tocando cada parte do corpo. Aquele ciúme bobo e até mesmo aquela discussão que, passados 10 minutos, nem parece que existiu.

Não somos perfeitos, tampouco eu. Entretanto, aprendi várias coisas. Confesso que perdi muitos amigos. Perdi muitos colegas de trabalho e de escola. Perdi "parentes" também. E olha que coloquei a palavra parentes entre aspas pois têm pessoas que nem merecem fazer parte do âmbito familiar.

Mas se me perguntarem se eles fazem falta, adivinha qual vai ser minha resposta? "Não!".

Aprendi que amigos são aqueles que estão a todo momento mantendo contato contigo. Aqueles que perguntam COMO você está e não ONDE você está. Aqueles que se importam com você em todas as estações do ano e não apenas aqueles que lembram de você e mandam mensagens para saber se a casa de praia está liberada para festa no final do ano.

Aprendi que todos somos livres para fazer o que bem entendemos. Que muitas vezes deixamos de iniciar uma nova fase em nossas vidas com medo de errarmos ou de tropeçarmos.

Portanto, se você está se sentindo ruim no seu emprego, na sua cidade ou com seus amigos, mude!

Certas mudanças valem a pena e você só descobre se fez o correto se arriscar.

Mais uma vez ressalto: Seja você. Continue sendo humilde. Não esqueça de seus vizinhos, dos colegas de escola, professores, da merendeira que usava do tempo dela para cozinhar para você. Carregue eles sempre contigo, por onde quer que seja!

Tenha a certeza de que você aprendeu um pouco com cada uma dessas pessoas citadas acima.

E se você estiver no exterior e lhe perguntarem o nome da cidade que você nasceu, responda com sinceridade. Tenha orgulho de ter nascido em uma cidade pequena e pouco conhecida, mas que, em contrapartida, têm pessoas humildes, de corações gigantes e que merecem ser valorizadas.

Já imaginou você nascer pobre, negro, gay e ser apaixonado pelas músicas do Racionais, Emicida, Djonga e Criolo?

Eles – a sociedade branca, em sua maioria – julgam tal gênero musical sem nunca ter parado para fazer a interpretação da letra e absorver a mensagem que a música quer transmitir. Então o que resta é simplesmente associar tal gênero a uma imagem violenta e criminosa, que na verdade não existe. Quer dizer, existe sim. Pois nós negros somos tratados com violência e com discursos de ódio pela supremacia branca.

Mas até quando?

Esteja preparado para ser julgado pela sociedade. Tenha a ciência de que não será por um curto período de tempo e sim para a vida toda.

Saiba que estamos muito longe de viver em uma sociedade honesta, sem preconceitos e com igualdade.

— É triste? – perguntam as pessoas.

— Obviamente, respondo.

Se vão falar de você? Com certeza, mas, seja quem você é!

Nunca perca a sua essência!

Não tenha medo!

E, além de tudo, Ame!

O amor é fundamental para a nossa sobrevivência.

Machado de Assis já dizia que "Cada qual sabe amar a seu modo; o modo, pouco importa; o essencial é que saiba amar".

Vamos amar uns aos outros. Vamos dar muito amor à pessoa que está junto de nós. Faça-a feliz. Abrace-a todos os dias e não tenha medo de dizer que ela é a pessoa mais importante da sua vida.

Do mesmo modo, faça todas as coisas que você queira fazer. Não tenha medo de arriscar.

Seja você!

E sobre o resto?

Foda-se o resto!

Foda-se quem não estava contigo nos momentos de dificuldades. Àqueles que te odeiam. Os que falam da tua família. Foda-se os racistas, os homofóbicos e xenofóbicos. Simplesmente foda-se!

Não quero servir como exemplo para as pessoas. Quero apenas que elas sejam fodas e que façam a diferença nessa porra chamada de mundo contemporâneo.